Encyclopédie musicale,

(N°1.)

NOUVEAU SOLFÉGE DES ENFANTS,

THÉORIE

des Intonations et de la Lecture rhythmique,

avec Accomp.t de Piano,

PAR

TOURY,

Professeur de Solfége et d'Harmonie,

Médaille d'or.

Prix net: 6f.

Le même sans acc.t, format in 8°, net: 3f

Ce Solfége est approuvé *par MM. Auber, Halévy, Ad. Adam, Batton et Zimmerman.*

A.V.

A PARIS, chez **Mrs L. LAHOUSSAY** *et Cie Editeurs de Musique,*

92, Rue Richelieu.

APPROBATIONS

Nous avons examiné avec interêt l'ouvrage élémentaire de **Mr. Toury**, intitulé **Solfége des Enfants** qu'il a bien voulu nous communiquer, il nous a paru réunir à une extrême clarté dans le texte, un choix d'exemples faciles et gradués avec soin.

On voit qu'une longue pratique de l'Enseignement a guidé **Mr. Toury** dans la composition de cet ouvrage, qui sera employé avec succès dans les premières études.

Paris le 20 février 1853.

Auber, membre de l'Institut Directeur du Conservatoire de Paris.

F. **Halevy**, membre de l'Institut.

A. **Adam**, membre de l'Institut.

Batton, Inspecteur général des Conservatoires de Province.

Zimmerman, Inspecteur des classes du Conservatoire de Paris.

PRÉFACE

Le présent ouvrage n'est pas un extrait de mes autres solféges; les exercices sont différents dans chacune de mes méthodes, de sorte que l'élève trouve dans chacune d'elles de nouveaux morceaux.

Mon enseignement est aujourd'hui complet, il est composé du présent *Solfége des enfants* qui est suivi du *Solfége élémentaire*. Ces deux méthodes servent d'introduction au *Traité rationnel* du *Solfége*, ouvrage en deux parties.

Comme mon but ne porte pas exclusivement sur l'étude du solfége, mais aussi sur le complément de l'éducation musicale, j'ai ajouté à ces solféges un *Traité de la transposition* avec des exercices sur toutes les clefs, et enfin un *Traité d'Harmonie*.

On verra dans la présente méthode que je considère la gamme comme l'alphabet musical, et que les intervalles disjoints qui s'apprennent à l'aide de l'épellation sont d'autant plus faciles à retenir, qu'ils sont toujours formés de consonnances offrant à l'oreille un sens compréhensible; c'est le seul moyen d'amener l'élève à prendre seul les intonations.

J'ai écrit mes Solféges dans un genre moins classique que ceux des autres méthodes, ainsi l'élève peut, en s'instruisant, se familiariser déjà avec le style moderne.

J'ai compris qu'il fallait aux solféges des accompagnements d'une harmonie simple, afin de ne point gêner l'élève dans l'émission des intonations, car, si l'élève peut s'isoler suffisamment en s'attachant exclusivement à sa partie, la richesse de l'accompagnement est nulle pour lui; si, au contraire, cet élève a le moindre sentiment de l'effet de l'harmonie, il est entrainé à écouter cette harmonie, ce qui suffit à lui faire perdre les intonations de sa partie.

Tous les professeurs qui ont étudié l'art d'enseigner ont du faire cette remarque, et beaucoup me l'ont transmise.

Je n'ai pas indiqué les respirations dans les solféges, ces respirations ne peuvent avoir une durée déterminée, puisque les morceaux doivent s'etudier lentement. On comprendra d'après cela qu'il pourrait être dangereux de forcer l'élève à exécuter, sans respirer, même une petite quantité de notes, dont la durée doit-être basée sur le plus ou moins de facilité de la part de cet élève.

J'ai fait en sorte d'établir le plus possible, de ponctuations dans mes solféges, et comme il serait peu raisonnable d'exiger que tous les élèves eussent la même étendue de respiration, j'ai assez de confiance dans la capacité des professeurs qui enseigneront ma méthode, pour m'en rapporter à eux quant aux respirations à prendre entre les périodes musicales.

J'ai cru devoir établir la théorie par demandes et par réponses, les enfants ayant l'habitude de ce genre d'étude.

Pour répondre aux demandes réiterées qui me sont adressées, je publie un extrait sans accompagnement de la présente méthode, ce petit extrait pourra suffire aux élèves dans les classes de musique, il réunit le double avantage d'être d'un format commode et de se vendre à meilleur marché qu'aucune des méthodes publiées jusqu'à ce jour. (1)

TOURY

(1) Voir le Catalogue à la fin de l'ouvrage.

SOLFÈGE DES ENFANTS

DES SONS.

Les sons servent à former la musique; on les représente par des notes; les notes se placent sur cinq lignes horizontales et dans les interlignes.

Ces cinq lignes réunies se nomment *Portée*

EXEMPLE.

PORTÉE. 1 2 3 4 5

Les lignes de la portée se comptent toujours de bas en haut, c'est-à-dire en montant.

Comme la portée ne suffit pas toujours à l'étendue des notes que l'on emploie, on est obligé d'ajouter au-dessus et au-dessous de la portée des petites lignes supplémentaires.

EXEMPLE.

DES CLEFS.

On nomme **CLEF**, un signe placé au commencement de la portée et qui donne son nom à la note qui est sur la même ligne que lui.

Il y a trois sortes de Clefs, savoir: La clef de **SOL**, la clef de **DO**, et la clef de **FA**.

La clef de **SOL** se place sur la seconde ligne.

La clef de **DO** se place sur les quatre premières lignes.

La clef de **FA** se place sur la troisième ligne et sur la quatrième ligne.

EXEMPLE:

Nous emploierons exclusivement la Clef de Sol comme la seule qui convienne à cette méthode.

Gravé par PIROT fbg: poissonnière 93. Imp: DINQUEL rue du Pt Lion 26.

RÉSUMÉ.

A quoi servent les sons?	Les sons servent à former la musique.
Comment les représente-t-on?	On les représente par des notes.
Ou se placent les notes?	Les notes se placent sur la portée.
Qu'est-ce que la portée?	C'est la réunion des cinq lignes et des interlignes où s'écrivent les notes.
Comment se comptent les lignes de la portée?	Les lignes de la portée se comptent en montant.
Qu'est-ce que les lignes supplémentaires?	Ce sont des petites lignes ajoutées au-dessus et au-dessous de la portée pour suppléer à son insuffisance.
Qu'est-ce qu'une Clef?	C'est un signe placé au commencement de la portée et qui donne son nom à la note qui est sur la même ligne que lui.
Combien y a t-il de sorte de clefs?	Il y a trois sortes de clefs, la clef de *Sol*, la clef de *Do*, et la clef de *Fa*.
Où se place la clef de Sol?	Sur la seconde ligne.
Où se place la clef de Do?	Sur les quatre premières lignes
Où se place la clef de Fa?	Sur la troisième et sur la quatrième ligne.

Il y a sept notes dans la musique; on les nomme: Do, Ré, Mi, Fa, Sol, La, Si.

DE LA GAMME.

La gamme est l'échelle musicale, elle est composée de huit notes, parceque le sens serait incomplet si la première note n'était répétée.

Exemple.

L'élève devra apprendre a lire ces notes imperturbablement.

On lui fera remarquer la position de chacune d'elles sur la portée.

Il écrira ensuite, soit sur une ardoise ou sur du papier réglé, les notes que lui dictera le maitre, après quoi il lira les notes qu'il aura écrites.

La gamme s'exécute en montant et en descendant.

Exemple.

L'élève apprendra par cœur les intonations de la gamme ascendante et descendante.

On appelle *Tonique*, la première note de la gamme; c'est la seule qui puisse terminer le sens musical.

La gamme peut se continuer indéfiniment parce que la tonique peut servir à commencer une nouvelle gamme en montant comme en descendant.

Exemple:

On ne fera pas solfier cette gamme, l'élève doit se borner à apprendre à lire les notes qui ne sont pas contenues dans la gamme précédente.

RÉSUMÉ.

Combien y a t'il de notes dans la musique?	Il y en a sept qui sont: *Do*, *Re*, *Mi*, *Fa*, *Sol*, *La*, *Si*.
Qu'est-ce que la *Gamme*?	C'est l'échelle musicale.
Pourquoi la gamme contient-elle huit notes?	Parce que le sens serait incomplet si la première note n'était répétée.
Quel est le nom caractéristique que l'on donne à la première note de la gamme?	La première note de la gamme se nomme *Tonique*.
Quel est le caractère particulier de cette note?	C'est la seule qui peut terminer le sens musical.
La gamme est-elle bornée à huit notes?	La gamme peut se prolonger indéfiniment soit en montant soit en descendant.
Pourquoi la gamme peut-elle se prolonger indéfiniment?	C'est parce que la tonique peut toujours servir à commencer une nouvelle gamme.

ETUDE DES INTONATIONS

DE L'EPELLATION MENTALE.

L'Epellation mentale consiste à apprécier mentalement les notes sur lesquelles on passe sans les faire entendre.

C'est par l'épellation mentale que l'on parvient à prendre, sans aucun aide, l'intonation d'une note prise indistinctement dans la gamme.

Nous allons appliquer ce moyen à l'étude des intonations de la gamme que nous divisons pour cela en deux parties.

On aura soin d'épeler mentalement les notes noires.

(1) Il y a des enfants qui comprennent difficilement l'épellation mentale; dans ce cas, le maître doit faire entendre les notes noires jusqu'à ce que l'élève les épelle lui même.

Lorsque les exercices précédents seront bien appris on passera à celui-ci.

Il arrive souvent que je fais exécuter deux fois de suite chaque fraction contenue entre deux barres de mesure.

Ces exercices d'épellation mentale doivent s'exécuter à chaque leçon dans laquelle on fait entrer la théorie par demandes et réponses.

On s'apercevra en peu de temps que l'élève prend les intonations avec sureté et que l'épellation est faite par lui si rapidement, que souvent on doute qu'elle ait lieu; il en est ainsi jusqu'à ce que l'élève ne sente plus le besoin d'épeller.

DE LA FIGURE DES NOTES.

C'est par la figure d'une note que l'on reconnait la durée qu'elle doit avoir.

Il y a sept différentes figures des notes savoir: LA RONDE, LA BLANCHE, LA NOIRE, LA CROCHE, LA DOUBLE-CROCHE, LA TRIPLE-CROCHE, LA QUADRUPLE-CROCHE. (1)

EXEMPLE:

On entend par la valeur des notes, la durée comparative que chacune d'elles doit avoir, ainsi l'on dit: La Ronde vaut 2 blanches, 4 noires, 8 croches, 16 doubles-croches, 32 triples-croches, 64 quadruples-croches. Ou: la ronde vaut 2 blanches, la blancle vaut 2 noires, la noire vaut 2 croches, la croche vaut 2 doubles-croches, la double-croche vaut 2 triples-croches, la triple-croche vaut 2 quadruples-croches.

---

(1) On fera remarquer à l'élève que les noms donnés aux figures des notes expriment la figure même de chacune d'elles.

EXEMPLE[1]

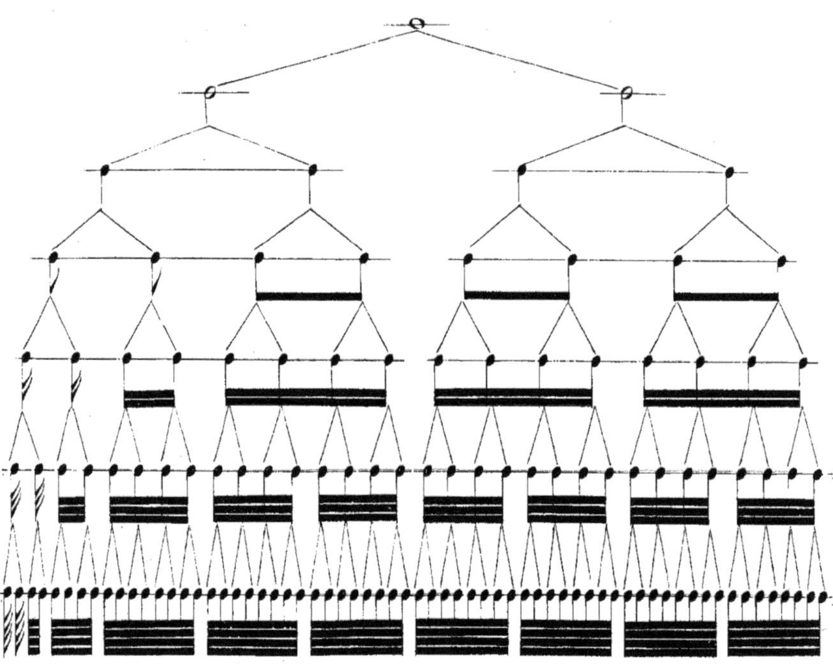

On fera traduire par l'élève, sur l'ardoise ou sur le papier, la valeur de chaque figure de note représentée par des fractions; ainsi il donnera la valeur d'une ronde en noires, celle d'une noire en doubles-croches etc:

RÉSUMÉ:

Qu'entend t-on par la figure d'une note?	On entend par figure d'une note, la forme que l'on donne à cette note pour indiquer la durée qu'elle doit avoir.
Combien y a-t-il de figures de notes?	Il y a sept figures de notes, savoir: La *Ronde*, la *Blanche*, la *Noire*, la *Croche*, la *Double-Croche*, la *Triple-Croche* et la *Quadruple-Croche*.
Combien la ronde vaut-elle de blanches?	La ronde vaut deux blanches.

(1) Il est indispensable d'adresser souvent des questions à l'élève sur ce sujet.

Combien la blanche vaut-elle de noires?	La blanche vaut deux noires.
Combien la noire vaut-elle de croches?	La noire vaut deux croches.
Combien la croche vaut-elle de doubles-croches?	La croche vaut deux doubles-croches.
Combien la double-croche vaut-elle de triples-croches?	La double-croche vaut 2 triples-croches.
Combien la triple-croche vaut-elle de quadruples-croches?	La triple-croche vaut 2 quadruples-croches.

DES SILENCES.

On nomme Silences des signes de convention qui correspondent à la durée des notes qu'ils remplacent pour indiquer que cette durée doit être passée en silence. Il y a sept espèces de silences, savoir: La Pause, La Demi-pause, Le Soupir, Le Demi-soupir, Le Quart-de-soupir, Le Huitième-de-soupir, Le Seizième-de-soupir.

Exemple:

Pause. | ½ *Pause.* | *Soupir.* | ½ *Soupir.* | ¼ *de soupir.* | ⅛ *de soupir.* | 1/16 *de soupir.*

Chacun de ces silences a une durée qui équivaut à celle de l'une des valeurs que nous connaissons pour les notes.

Exemples

On fera remarquer à l'élève que la pause est placée *sous la ligne* et que la demi-pause, au contraire, est placée *sur la ligne*; que le soupir est le seul silence qui ait la tête tournée à droite, que tous les autres ont la tête tournée à gauche et que chacun de ceux-ci, a autant de crochets que la note à laquelle il équivaut.

Le Silence de deux mesures se marque par une barre verticale qui prend d'une ligne de la portée à celle de dessous.

Le silence de quatre mesures prend une ligne de plus.

Ces barres se nomment ordinairement bâtons de deux et de quatre pauses.

Exemples:

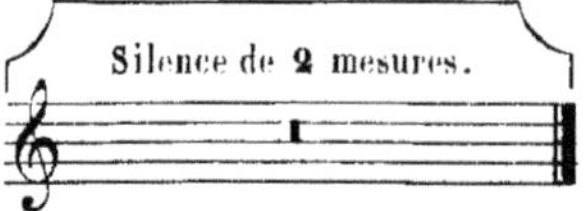

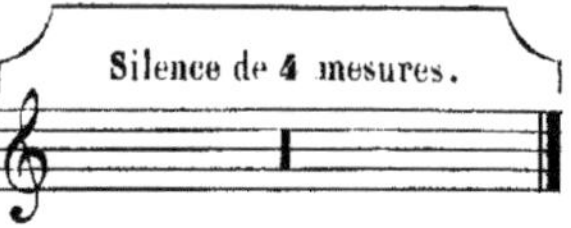

On marque ainsi les repos d'un plus grand nombre de mesures.

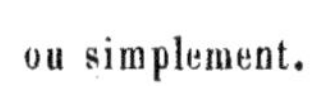

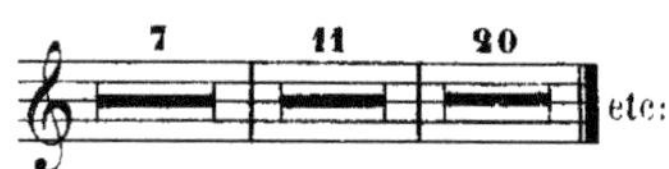

RÉSUMÉ.

Qu'entend-on par *Silence* en musique?	On nomme Silences, des signes qui correspondent à la durée des notes qu'ils remplacent pour indiquer que cette durée doit être passée en silence.
Combien y a-t-il de *Silences*?	Il y a sept silence, savoir: *La Pause*, *La demi-pause*, *Le Soupir*, *Le demi-soupir*, *Le quart-de-soupir*, *Le huitième de soupir*, et *le Seizième de soupir*.
A quelle figure de note équivaut la pause?	La *Pause* vaut la *Ronde*.
A quelle figure de note équivaut la demi-pause?	La *Demi-pause* vaut la *Blanche*.
A quelle figure de note équivaut le soupir?	Le *Soupir* vaut la *Noire*.
A quelle figure de note équivaut le ½ soupir?	Le *Demi-soupir* vaut la *Croche*.
A quelle figure de note équivaut le ¼ de soupir?	Le *Quart-de-soupir* vaut la *Double-croche*.
A quelle figure de note équivaut le ⅛ de soupir?	Le *Huitième-de-soupir* vaut la *Triple-croche*.
A quelle figure de note équivaut le 1/16 de soupir?	Le *Seizième-de-soupir* vaut la *Quadruple-croche*.

Exercices mélodiques sur les intonations des fractions de la gamme.

N° 3. 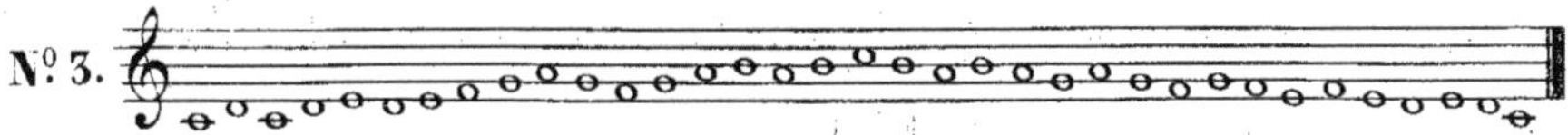

Si les exercices précédents ont été suffisamment appris, l'élève doit prendre *seul*, et imperturbablement, les intonations des exercices ci-dessus.

DE LA MESURE.

On appelle mesure, la division de la durée des notes et des silences en parties égales que l'on nomme *Temps*.

Pour mieux sentir la division des temps de la mesure et fixer la durée exacte des notes et des silences, on a recours à un mouvement de la main ou du pied, ce qui se nomme *battre la mesure*.

Chaque mouvement marque une unité de temps.

Il y a trois sortes de mesures, savoir:

La mesure à quatre temps que l'on indique par un C ou par un 4 placé après la clef: La mesure à 3 temps qui s'indique par 3, ou par $\frac{3}{4}$ ou par $\frac{3}{8}$; la mesure à 2 temps qui s'indique par un 2, ou par un C barré, (¢) ou par $\frac{2}{4}$.

On nomme aussi *Mesure* la quantité de temps contenue entre deux barres verticales placés sur la portée et qu'on appelle *Barres de mesure*.

DE LA MESURE A DEUX TEMPS.

La mesure à deux temps se bat ainsi:........................ 2 | 1

Du Temps fort et du Temps faible.

Dans la mesure à deux temps, le premier temps s'appelle *Temps fort* parce qu'il se marque plus fort que le second que l'on nomme *Temps faible*.

Dans toutes les mesures, le premier temps se fait en frappant, le dernier se fait en levant.

Avant de commencer les études sur la mesure, nous croyons devoir faire observer que: la main qui marque les temps devient le *régulateur* de la durée des signes, et que par conséquent cette main doit être à même de marquer les temps sans qu'il soit nécessaire de la diriger elle-même.

Cette observation est de la plus grande importance; il est donc indispensable d'exercer d'abord la main à marquer les temps, jusqu'à ce qu'on ait levé la difficulté plus ou moins grande qu'offrira cette exercice.

ETUDES SUR LA MESURE A DEUX TEMPS (1)

L'élève ne peut savoir trop bien les six études qui précèdent, c'est pourquoi on les ajoutera, dans chaque leçon, à celles que l'on a vues jusqu'ici. On y joindra aussi les études que nous allons donner sur les degrés disjoints.

Nous nous gardons bien de parler des intervalles dans cet ouvrage, qui contient exclusivement les premiers éléments du solfége.

---

(1) Tous les premiers exercices de mesure sont composés d'intonations connues, afin que l'élève puisse porter toute son attention sur les durées des signes.

L'expérience nous a démontré qu'il est très important de ne pas offrir à l'intelligence des enfants des théories au dessus de leur portée (1)

Nous employons un moyen plus convenable pour apprendre aux enfants les intonations des degrés disjoints, ce moyen n'est autre que l'étude des consonnaces par l'épellation.

RÉSUMÉ.

Qu'est ce que la *Mesure*?	C'est la division de la durée des notes et des silences en parties égales que l'on nomme *Temps*.
Comment marque-t-on les temps de la mesure?	Par un mouvement de la main ou du pied.
Quelle est la fraction de mesure que représente chaque mouvement?	Chaque mouvement représente un temps.
Combien y a-t-il de sortes de mesures?	Il y a 3 sortes de mesures, savoir: la mesure à 4 temps, la mesure à 3 temps et la mesure a 2 temps.
Comment s'indique la mesure à 4 temps?	La mesure à 4 temps s'indique par un C ou par un 4 placé après la clef.
Comment s'indique la mesure à 3 temps?	La mesure à 3 temps s'indique par un 3 ou par un 3 avec un 4 dessous, ou par un 3 avec un 8 dessous.
Comment s'indique la mesure à 2 temps?	La mesure à 2 temps s'indique par un ₵ barré ou par un 2, ou par un 2 avec un 4 dessous.
Qu'est-ce qu'on nomme aussi, une mesure?	On nomme aussi une mesure, la quantité de temps contenue entre 2 barres de mesure.
Qu'appelle-t-on *Barres de mesure*?	On appelle *Barres de musure* des barres verticales placées de distance en distance sur la portée.
Les deux temps de la mesure à deux temps ont-ils la même valeur?	Les deux temps de la mesure n'ont pas la même valeur quoiqu'ils aient la même durée.
Qu'elle est la différence qui existe entre les deux temps de cette mesure?	Le premier se marque plus fort que le second, c'est pourquoi on les distingue par les noms de *temps fort* et de *temps faible*.

(1) Cette matière se trouve dans le Solfège élémentaire qui fait suite à celui-ci.

DES DEGRÉS CONJOINTS ET DES DEGRÉS DISJOINTS.

On nomme *Degrés conjoints*, deux notes entre lesquelles on ne peut placer une autre note, comme **DO-RÉ, RÉ-MI** etc: etc:

On nomme *Degrés disjoints*, deux notes entre lesquelles on peut placer une ou plusieurs notes, comme **DO-MI, RÉ-FA, DO-FA, DO-SOL** etc: etc:

On va étudier les degrés disjoints pris dans l'harmonie de la gamme, nous les divisons en 4 séries.

Ces trois etudes doivent-être parfaitement sues avant de commencer les solféges qui suivent. On ne doit pas hésiter de recourir à l'épellation s'il se présente une intonation offrant quelque difficulté.

Nous allons donner quelques termes Italiens que l'on emploie pour indiquer le mouvement des morceaux de musique, nous y joindrons quelques mots employés pour les principales nuances ainsi que les signes abréviatifs.

On trouvera le tableau complet dans le solfége élémentaire qui fait suite à celui-ci.

---

(1) On n'oubliera pas que les notes noires doivent-être épelées mentalement.

(2) Ce Signe Λ se nomme *soufflet*, il se place sur une note pour indiquer que l'on doit appuyer sur cette note afin d'en retenir l'intonation.

TABLEAU ALPHABÉTIQUE

Des termes Italiens et des signes équivalents pour désigner les mouvements et les nuances.

Adagio. *Posément.*

Allegro. *ou All.o vif gai.*

Allegretto. *ou All.tto moins vif qu'Allegro.*

Amoroso. *Tendre.*

Andante. *ou And.te modéré, tendant à la lenteur.*

Andantino. *ou And.no un peu moins lent qu'Andante.*

Animato. *Animé.*

A Tempo. *dans le mouvement précédent.*

Basso. *Basse.*

Cantabile. *lentement avec expression.*

Canto. *Chant.*

Coda. *fin du morceau composé d'une reprise ou de quelques mesures.*

Con. *Avec.*

Crescendo. *ou cresc: ou* < *en augmentant la force du son.*

Da Capo. *ou D.C. au commencement du morceau.*

Decrescendo. *ou decresc: ou* > *en diminuant la force du son.*

Diminuendo. *ou dimin: voyez decrescendo.*

Dolce. *ou dol: doux.*

Espressione. *(con) ou espress: avec expression.*

Fieramente. *avec fierté.*

Forte. *ou* ***f.*** *fort.*

Fortissimo. *ou* ***ff.*** *très fort.*

Forza. *(con) avec force.*

Forzando. *ou* ***fz.*** *voyez sforzando.*

Largo. *Largement, c'est le plus lent de tous les mouvements.*

Larghetto. *un peu moins lent que Largo.*

Legato. *Lié ou coulé.*

Leggieramente. *ou legg: Légèrement.*

Lento. *Lent.*

Loco. *Endroit.*

Maestoso. *Majestueux.*

Maggiore. *Majeur.*

Marcia. *Marche.*

Mezza-voce. *ou M.V. à demi-voix.*

Mezzo forte. *ou* ***mf*** *à demi-fort.*

Minore. *Mineur.*

Moderato. *Modéré.*

Piacere (a) *à plaisir à volonté.*

Pianissimo. *ou* ***PP*** *très doux.*

Piano. *ou* ***P*** *doux.*

Poco-a-poco. *Peu-à-peu.*

Presto. *Vite.*

Prestissimo. *Très-vite.*

Rallentando. *ou rall: en rallentissant.*

Replica. *Reprise.*

Rinforzando. *ou* ***rf*** *ou rinf: en renforçant le son.*

Rittardendo. *ou ritenuto ou rit: voyez rallentando.*

Sforzando. *ou* ***sf*** *voyez rinforzando.*

Siciliano. *Morceau Sicilien d'un caractère ordinairement mélancolique.*

Solo. *Seul.*

Tasto solo. *n'exécuter que la partie de basse.*

Unisono. *à l'unisson.*

Vivace. *Vivement.*

SOLFÉGES SUR LES DEGRÉS CONJOINTS ET SUR LA 1re SÉRIE DES DEGRÉS DISJOINTS.

(1) Nous indiquons le mouvement, mais il est entendu que l'étude du morceau doit toujours se faire assez lentement (règle générale)

cresc:
Allegretto.
N° 3.
mez: voce.
ETUDES SUR LA 2e SÉRIE.
EPELLATION.
N° 1.
N° 2.
N° 3.
RÉCAPITULATION DES 2 SÉRIES.
N° 4.

Solféges sur les deux premières séries des degrés disjoints.

(1) Un morceau de musique ne commence pas toujours par la tonique, mais à très peu d'exceptions près, il commence par l'une des notes de la première série du ton; on peut donc s'assurer de l'intonation de la première note du morceau en solfiant la première série. EXEMPLE. On est certain d'après cela de prendre l'intonation du Sol.
(Régle générale)

All° moderato.
N° 6.
mez:voce.
cresc:
f.
ETUDES SUR LA 3me SÉRIE.
EPELLATION.
N° 1.
N° 2.
N° 3.
RÉCAPITULATION DES 3 SÉRIES.
N° 4.

Solféges sur les trois premières séries des degrés disjoints.

(1) Dans le cas où le *mi* se trouverait trop elevé pour la voix de l'élève, il prendrait les notes inférieures, il en sera toujours ainsi.

ETUDES SUR LA 4e SÉRIE.

Nº 1.

N°. 2.
N°. 3.
RÉCAPITULATION DES 4 SÉRIES.
N°. 4.
SOLFÉGES SUR LES QUATRE SÉRIES DES DEGRES DISJOINTS.
Andantino.
N°. 10.
dolce.
p crescendo sempre poco a poco.
Allegretto.
N°. 11.
mez: voce.
cresc:

RÉSUMÉ

Qu'entend-on par degrés conjoints?	On entend par degrés conjoints, deux notes voisines entre lesquelles on ne peut placer une autre note, comme: DO-RÉ, RÉ-MI etc:
Qu'entend-on par degrés disjoints?	On entend par degrés disjoints, deux notes entre lesquelles on peut placer une ou plusieurs autres notes, comme: DO-MI, RÉ-FA, SOL-DO etc:

DE LA MESURE A 4 TEMPS.

La mesure à quatre temps se bat ainsi: 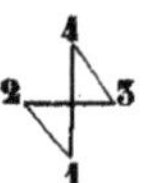

Elle est composée de quatre noires.

La mesure à quatre temps, a deux temps forts et deux temps faibles.

Les temps forts sont les 1er et 3e temps de chaque mesure. Le 1er temps est plus fort que le troisième. On fera exécuter à quatre temps les Six Etudes à deux temps de la page 12.

ETUDES SUR LA MESURE A QUATRE TEMPS.

Une noire pour chaque temps.

Nº 1.

Nº 2.  Inverse.

Nº 3.  Inverse.

Nº 4.  Inverse.

Nº 5.  Inverse.

Nº 6.  Inverse.

Nº 7.  Inverse.

Deux croches pour chaque temps.

Nº 8.

Solféges sur la mesure a quatre temps.

DE LA LECTURE A LA MUETTE.

La *Lecture à la muette* consiste à nommer les notes sans émettre les sons, afin de pouvoir s'occuper exclusivement du nom des notes et des durées.

Dès qu'un morceau de musique doit être exécuté rapidement (comme le Nº 14 qui suit) l'élève doit s'exercer d'abord à lire les notes jusqu'a ce qu'il puisse le faire vite et sans faute; après quoi, il fera cette lecture en marquant les temps.

Ce n'est jamais qu'après avoir levé séparément ces deux difficultés qu'il peut attaquer la troisième, c'est-à-dire, solfier le morceau en battant la mesure.

Si l'élève éprouvait la moindre difficulté à prendre les intonations, il devrait attaquer cette difficulté à part, c'est-à-dire, qu'il solfierait sans battre la mesure.

On comprendra sans doute combien il est important de n'attaquer jamais simultanément deux difficultés.

Il est expressément recommandé d'en agir ainsi pour tous les passages qui offriront assez de difficultés pour arrêter l'élève.

ETUDE RHYTHMIQUE. (1)

(1) Les Etudes Rhythmiques doivent être lues le plus vite possible, mais cette vitesse ne peut être prise que progressivement et lorsqu'on sait lire parfaitement le morceau.

Moderato.
Nº. 15.
mez: voce e ben marcato.
cresc:
f
diminuendo.
dolce.
f
p
f

Andantino.
Nº. 16.
p
cresc:
p

RÉSUMÉ.

De quoi se compose la mesure à 4 temps?	La mesure à quatre temps est composée de quatre noires.
Les 4 temps de la mesure ont-ils la même valeur?	Non, il y a deux temps forts et deux temps faibles dans la mesure à quatre temps.
Quels sont les deux temps forts?	Le 1er et le 3e temps sont les temps forts.
Les 2 temps forts ont-ils la même valeur?	Le 1er temps est plus fort que le troisième.

DE LA LIAISON ET DU POINT.(1)

La *Liaison* est une ligne courbe placée sur deux notes qui sont sur la même ligne ou dans le même interligne, pour indiquer que ces deux notes doivent-être exécutées par une seule émission de voix. La seconde note est la prolongation de la première.

Le *Point* se place après une note ou après un silence pour prolonger de moitié la durée du signe qui le précède.

Le point produit l'effet de la liaison.

EXEMPLES:

Etudes sur les notes pointées.

(1) C'est dans le solfége Elémentaire que l'on trouvera le *double point* et *l'enjambement du point*.

Andante.
Nº 17.
mez: voce.
rf
f
f
Andantino.
Nº 18.
mez: voce.

RÉSUMÉ.

Qu'est-ce que la *Liaison*?	La *Liaison* est une ligne courbe placée sur deux notes qui sont sur la même ligne ou dans le même interligne pour indiquer que ces deux notes s'exécutent par une seule émission de voix.
Les deux notes ne forment donc qu'un son?	Oui, puisque la seconde est la prolongation de la première.
A quoi sert le *Point* ?	Le *Point* se place après une note ou après un silence pour augmenter de moitié la durée de cette note ou de ce silence.
Le point produit-il le même effet que la liaison?	Oui, le point produit le même effet que la liaison.

DES REPRISES.

On nomme Reprise, deux points placés avant ou après une double-barre de mesure, du côté de la partie d'un morceau de musique, pour indiquer que cette partie doit s'exécuter deux fois.

EXEMPLE:

RÉSUMÉ.

Qu'est-ce qu'une *Reprise?* — Ce sont deux points placés près de deux barres de mesure du côté de la partie d'un morceau, qui doit être exécutée deux fois.

DE LA MESURE A DEUX-QUATRE.

La *Mesure à deux-quatre* est la réduction de la mesure à deux temps que l'on a vu d'abord, c'est-à-dire, qu'au lieu de deux blanches que contient la première mesure à deux temps, la mesure à deux-quatre ne contient que deux *Noires*.

Le chiffre 2 et 4 placés après la clef indiquent que chaque mesure est composée de *deux quarts* de la *Ronde*, c'est-à-dire, *deux noires*.

Avant de distribuer une mesure en parties égales pour en former les unités de temps, il faut considérer la figure de la note qui représente l'unité de mesure, et prendre autant de fractions de cette unité qu'il faut de temps dans la mesure.

EXEMPLES:

Etudes sur la mesure a deux-quatre.

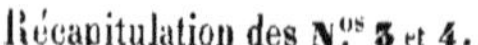

RÉSUMÉ:

Qu'est-ce que la mesure à *deux-quatre* ?	La mesure à deux-quatre est la réduction de la première mesure à deux temps.
Que signifient les chiffres 2 et 4 ?	Ils indiquent que chaque mesure est composée de *deux quarts* de la *Ronde* ou *deux noires*.
Comment se bat la mesure à deux-quatre?	La mesure à deux-quatre se bat à deux temps.

SOLFÉGES SUR LA MESURE A DEUX-QUATRE.

Un morceau de musique peut commencer indistinctement par l'un des temps de la mesure ou même par une fraction de temps. Le complément de la fraction de mesure qui commence le morceau se trouve toujours, soit à la fin de la reprise, s'il y en a une, ou à la fin du morceau.

EXEMPLE:

DU POINT D'ORGUE.

On nomme *Point d'orgue*, un point mis dans un demi-cercle placé sur une note pour indiquer qu'on peut prolonger à volonté la durée de cette note.

Le Point d'orgue se place aussi sur un silence, dans ce cas il se nomme *Point d'arrêt*.

DU RENVOI.

Le *Renvoi* est un signe qui se place dans le courant ou à la fin d'un morceau de musique. On en met toujours deux: le second indique qu'il faut recommencer à l'endroit où se trouve le premier, pour continuer jusqu'au mot **FIN**.

EXEMPLE:

Allegretto.
Nº 23.
mez:voce.
cresc:
diminuendo.
fin.
fin.
Inverse.
f
D.C.
D.C.
Moderato.
Nº 24.
p
cresc:
f
diminuendo.

ETUDE RHYTHMIQUE(1)

RÉSUMÉ.

Qu'est-ce que le *Point d'Orgue?*	C'est un point dans un demi cercle placé sur une note, pour indiquer qu'on peut s'y arrêter à volonté.
Qu'est-ce qu'on nomme *Point d'Arrêt?*	C'est le point d'orgue placé sur un silence.
Qu'est-ce que le *Renvoi?*	Le renvoi est un signe qui se place dans le courant ou à la fin d'un morceau de musique, on en met toujours deux, le second indique qu'il faut recommencer à l'endroit ou se trouve le premier.
Un morceau de musique commence-t-il tou-	

(1) Dans une succession de groupes composés *d'une croche* pointée et d'une double-croche, on est porté, pour adoucir le Rhythme, à diviser chaque groupe par tiers comme dans la mesure à Six-huit; on veillera donc à ce que l'élève donne à la double-croche, le degré de vitesse qu'elle doit avoir.

jours au frapper de la mesure? ___

Un morceau de musique peut commencer indistinctement par l'un des temps de la mesure et même par une fraction de temps.

Ou trouve-t-on le complément de la fraction de mesure qui commence un morceau de musique? ___

Le complément de cette fraction se trouve à la reprise, s'il y en a une, ou a la fin du morceau.

DE LA MESURE A TROIS TEMPS.

La mesure à trois temps est composée d'une unité *Ternaire*, c'est-a-dire qui se divise en 3 parties. Elle contient deux temps forts et un temps faible, les deux temps forts sont: le premier et le troisième temps de chaque mesure. Le premier se marque plus fort que le troisième.

La mesure à trois temps se bat ainsi:

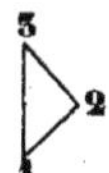

La mesure à 3 temps s'indique à la clef par $\frac{3}{4}$ elle est composée de trois *quarts* de la *Ronde* c'est-a-dire trois *Noires*.

Sa réduction est la mesure à *Trois-huit*, qui est composée de trois *huitièmes* de la *Ronde*, c'est-a-dire, trois *Croches*.

EXEMPLES:

ETUDES SUR LA MESURE A 3 TEMPS.

RÉSUMÉ:

Comment s'indique la mesure à 3 temps?

La mesure à 3 temps s'indique par un 3 avec un 4 dessous ou par un 3 avec un 8 dessous.

Que signifient les deux chiffres de la mesure à *Trois-quatre*?

Ils signifient que chaque mesure est composée de *Trois-quarts* de la *Ronde*, c'est-a-dire, *trois Noires*.

Que signifient les deux chiffres de la mesure à *Trois-huit*?

Ils signifient que chaque mesure est composée de *Trois-huitième* de la *Ronde* c'est-a-dire, *Trois croches*.

Combien la mesure à 3 temps contient-elle de temps forts?

La mesure à 3 temps contient 2 temps forts.

Quels sont-ils?

Ce sont: le *Premier* et le *Troisième* temps de chaque mesure.

Les deux temps forts ont-ils la même valeur?

Non: le premier temps se marque plus fort que le troisième.

Solféges sur la mesure a 3 temps.

cresc: sempre.
Andante.
Nº 27.
p
cresc:
cresc:
cresc:

N°. 28.
Allegretto.

Andantino.
N° 29.
dolce.
cresc:
fin.
fin.
Inverse.
f
cresc:
f
cresc.
D.C.
D.C.

DES SIGNES ALTÉRATIFS.

On nomme ainsi les signes qui altèrent l'intonation des notes qui les suivent; il y en a cinq, savoir:

Le *Dièse* qui s'écrit ainsi: ♯.

Le *Bémol* qui s'écrit ainsi: ♭.

Le *Bécarre* qui s'écrit ainsi: ♮.

Le *Double-Bémol* qui s'écrit ainsi: 𝄫.

Le *Double-Dièse* qui s'ecrit ainsi: 𝄪 ou ✕.

Le *Dièse* sert à hausser d'un *demi-ton*, l'intonation de la note qui le suit.

Le *Bémol* sert à baisser d'un *demi-ton*, l'intonation de la note qui le suit.

Le *Bécarre* annule l'effet du *Dièse* et du *Bémol*, en baissant d'un *demi-ton* une note *dièsée*, ou en haussant d'un *demi-ton*, une note *bémolisée*.

Le *Double-Dièse* sert à hausser d'un *demi-ton* une note déjà *diesée* ou d'un *ton* une note non altérée.

Le *Double-Bémol* sert à baisser d'un *demi-ton* une note déjà *bémolisée* ou d'un *ton* une note non altérée.

DIVISION DE LA GAMME DIATONIQUE PAR DEMI-TONS.

La Gamme d'un ton se nomme *Gamme Diatonique*. Tous les degrés qui font partie de la gamme du ton sont *Diatoniques*.

La Gamme Diatonique est composée de *cinq tons* et *deux demi tons*.

Les deux demi-tons se trouvent du 3e au 4e degré et du 7e au 8e degré.

La Gamme Diatonique peut se diviser en douze demi-tons à l'aide des *dièses* et des *bémols*: ainsi divisée, elle se nomme *Gamme Chromatique*.

EXEMPLES:

Gamme chromatique dièsée.

Gamme chromatique bémolisée.

Chaque ton contient deux demi-tons dont l'un se nomme *demi-ton chromatique*, et l'autre *demi-ton diatonique*.

Le demi-ton chromatique est toujours produit par l'effet d'un signe altératif; il est composé de deux notes qui portent le même nom.

Le demi-ton diatonique est composé de deux notes qui portent un nom différent.

Exemples.

Les deux demi-tons qui existent dans toutes les gammes diatoniques, sont *diatoniques*.

RÉSUMÉ.

Qu'est-ce qu'un signe *Altératif?*	C'est un signe qui altère accidentellement l'intonation de la note qui le suit.
Combien y a t-il de signes *Altératifs?*	Il y en a cinq qui sont: Le *Dièse*, le *Bémol*, le *Bécarre*, le *Double-Dièse*, et le *Double-Bémol*.
A quoi sert le *Dièse?*	Le *Dièse* sert à hausser d'un *demi-ton* l'intonation de la note qui le suit.
A quoi sert le *Bémol?*	Le *Bémol* sert à baisser d'un *demi-ton* l'intonation de la note qui le suit.
A quoi sert le *Bécarre?*	Le *Bécarre* annule l'effet du Dièse et du Bémol, en baissant d'un demi-ton une note dièsée, ou en haussant d'un demi-ton une note bémolisée.
A quoi sert le *Double-Dièse?*	Le *Double-Dièse* sert à hausser d'un *demi-ton* une note déjà dièsée, ou d'un *Ton* une note non altérée
A quoi sert le *Double-Bémol*.	Le *Double-Bémol* sert à baisser d'un *demi-ton* une note déjà bémolisée, ou d'un *Ton* une note non altérée.

Qu'est-ce que la *Gamme Diatonique?*	C'est la gamme du ton qui ne contient aucune note accidentellement altérée.
Qu'est-ce qu'on nomme *degrés diatoniques?*	Ce sont les degrés qui font partie de la gamme du ton.
Quels sont les intervalles qui séparent les degrés de la gamme Diatonique?	La gamme Diatonique est composée de cinq tons et deux demi-tons.
Où se trouvent placés les deux demi-tons de la gamme?	Les deux demi-tons de la gamme se trouvent placés du *troisième* au *quatrième* degré et du *septième* au *huitième* degré.
Comment divise-t-on la gamme par demi-tons?	En employant les Dièses et les Bémols.
Comment se nomme la gamme divisée par demi-tons?	Elle se nomme *Gamme Chromatique*.
Combien de demi-tons contient la gamme?	La gamme contient douze demi-tons.
Comment distingue-t-on les deux demi-tons que contient un ton?	On les distingue par les noms de *demi-ton Chromatique*, et *demi-ton Diatonique*.
Qu'est-ce que le *demi-ton Chromatique?*	C'est le demi-ton produit par l'effet d'un signe altératif, et composé de deux notes portant le même nom.
Qu'est-ce que le *demi-ton Diatonique?*	C'est un demi-ton composé de deux notes qui portent un nom différent.
Quels sont les deux demi-tons qui existent dans la gamme Diatonique?	Les demi-tons qui existent dans la gamme diatonique, sont *Diatonique*.

DES MODES.

Il y a en musique deux genres que l'on nomme *Modes*, ou manière d'être.

Ces Modes se distinguent par les noms de *Majeur* et *Mineur*.

Chaque genre de Mode se divise en autant d'espèces qu'il a de gammes.

Chaque gamme est un mode qui appartient ou au genre majeur ou au genre mineur, ce qui dépend de sa constitution.

La gamme que nous connaissons appartient au genre majeur; c'est pourquoi nous continuerons l'étude de celui-ci avant de nous occuper du mode mineur.

Il y a sept gammes dièsés majeures et sept gammes bémolisées majeures, elles sont toutes composées des mêmes éléments et contiennent, comme la gamme de *Do* majeur que nous connaissons, cinq tons et deux demi-tons

EXEMPLES:

TABLEAU DES GAMMES MAJEURES DIÈSÉES.

(1) La *Tonique* sert de basse à une gamme et donne son nom à cette gamme qui contient l'expression complète d'un ton.

REMARQUE:

Les Dièses se placent à la clef par intervalle de *cinq degrés pris en montant* et dans l'ordre suivant: **FA, DO, SOL, RÉ, LA, MI, SI.**

Chacun de ces dièses posés à la clef sert à constituer le ton et prend le nom de *signe constitutif.*

Chaque Tonique se trouve placée un *demi-ton* au-dessus du dernier dièse posé à la clef.

RÉSUMÉ.

Que signifie le mot *Mode?* — *Mode* signifie: *manière d'être.*

Combien y a-t-il de genres de modes en musique? — Il y a deux genres de modes: le *majeur* et le *mineur.*

En combien d'espèces se divise chaque genre de modes? — En autant d'espèces qu'il a de gammes.

Combien le mode majeur contient-il de gammes? — Le mode majeur contient **14** *gammes* dont **7** *diésées* et **7** *bémolisées*; sans compter la gamme de *Do majeur* qui est le modèle de toutes les autres.

Toutes ces gammes sont elles composées des mêmes éléments? — Toutes les gammes majeures sont composées de cinq tons et deux demi-tons.

Qu'elle est la note que l'on nomme *Tonique?* — On nomme *Tonique* la première note de chaque gamme, parce qu'elle sert de base à cette gamme qui constitue un ton.

Il y a donc autant de tons qu'il y a de gammes? — Oui: il y a autant de tons qu'il y a de gammes.

Comment se forment les gammes des différents tons? — Les gammes des différents tons se forment à l'aide des dièses et des bémols qui établissent dans chaque gamme les mêmes intervalles que ceux qui existent dans la gamme modèle.

Pourquoi ces signes se placent-ils à la clef? — Ces signes se placent à la clef parce qu'ils sont indispensables à la constitution du ton; c'est pourquoi on les nommes *Signes Constitutifs.*

Les Dièses et les Bémols sont-ils toujours placés à la clef dans un morceau de musique? — Les signes altératifs s'emploient aussi accidentellement dans le courant d'un morceau, de musique; ils se nomment alors *Signes Altératifs Accidentels*.

Comment peut-on trouver le nom de la Tonique dans un ton dièsé ?

On peut trouver le nom de la Tonique dans un ton dièsé en remarquant que cette Tonique est toujours placée un degré au-dessus du dernier dièse posé à la clef.

Tableau des gammes majeures bémolisées.

REMARQUE:

Les bémols se placent à la clef par intervalle de *cinq degrés pris en descendant* et dans l'ordre suivant: **SI, MI, LA, RÉ, SOL, DO, FA.** (1)

On peut remarquer que c'est le sens inverse des *Dièses*.

Chaque *Tonique* se trouve placée cinq degrés au-dessus du dernier bémol posé à la clef, ou, si on l'aime mieux, elle porte le nom du pénultième bémol placé à la clef.

On interrogera souvent l'Elève afin de s'assurer qu'il connait bien la position des dièses et des bémols placés à la clef dans les différents tons.

On peut maintenant étudier les intonations du ton de *Sol majeur*.

On remarquera d'abord que les signes constitutifs étant placés à la clef dans chaque ton pour établir dans la gamme les mêmes intervalles que ceux de la gamme primitive, ces signes constitutifs ne peuvent offrir aucune difficulté d'intonation puisqu'ils servent à former des degrés Diatoniques.

Partant de ce princiqe, on doit être convaincu que le *Fa* ♯ qui existe dans la gamme de *Sol* n'est pas plus difficile a solfier que le *Si* de la gamme de *Do*, puisqu'il est, comme ce dernier, placé à *un demi-ton* au-dessous de la tonique. (2)

On étudiera la gamme de *Sol* dans le Tableau des gammes majeures diesées, page **48**.

Voici les trois séries des degrés disjoints de la gamme du ton de *Sol*. (3)

(1) On verra dans le Solfége élémentaire un nouveau moyen de trouver infailliblement la quantité de signes constitutifs employés dans chaque ton.

(2) Pour compléter cette démonstration on fera solfier à l'élève les gammes de DO et de SOL au même diapason, c'est à dire avec les mêmes intonations.

(3) Nous supprimerons la 4e Série qui pourrait offrir trop de difficulté dans l'étude des nouveaux tons.

DES MODULATIONS.

On nomme *Modulation* un changement de ton qui s'opère dans le courant d'un morceau de musique.

Pour moduler, il faut employer accidentellement le signe constitutif du ton dans lequel on va.

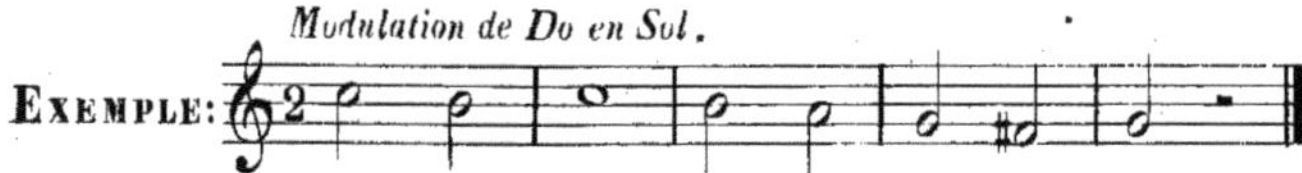

De même pour retourner de **SOL** en **DO**, il faut effacer le **FA** dièse.

RÉCAPITULATION.

Nous allons employer ces modulations dans les solféges qui suivent.

(1) Ces trois exemples sont tirés de mon Solfége élémentaire.

Modulation en Sol majeur. Retour en Do majeur.

cresc:

p

Andante.

N° 31.

mez: voce.

cresc:

(1) Lorsqu'une note est altérée accidentellement dans une mesure, toutes celles qui portent le même nom que cette note sont altérées de même tant que dure la mesure, à moins qu'un nouveau signe altératif ne vienne annuler l'effet du premier.

f
cresc:
Andantino.
Nº 33.
dolce.
cresc: poco a poco.
f
p
cresc:
f
diminuendo.

RÉSUMÉ.

Comment se placent les dièses à la clef? — Les dièses se placent à la clef par intervalle de *cinq degrés pris en montant* et dans l'ordre suivant: FA, DO, SOL, RÉ, LA, MI, SI.

Comment se placent les bémols à la clef? — Les bémols se placent à la clef par intervalle de *cinq degrés pris en descendant* et dans l'ordre suivant: SI, MI, LA, RÉ, SOL, DO, FA.

Comment peut-on trouver le nom de la tonique dans un ton bémolisée? — On peut trouver le nom de la tonique dans un ton bémolisé si l'on remarque qu'elle porte le nom du pénultième bémol placé à la clef.

Qu'est-ce qu'une *Modulation?* — C'est un changement de ton qui s'opère dans le courant d'un morceau de musique.

On peut maintenant étudier à la fois tous les demi-tons diatoniques des gammes dièsées, puisque tous ces demi-tons offrent le même intervalle.

Le premier demi-ton sert de modèle.

Pour bien exécuter ces demi-tons diatoniques, il faut appuyer sur la première note de chaque mesure.

ETUDES DES DEMI-TONS DIATONIQUES.

Emploi des demi-tons diatoniques des gammes dièsées.

Allegretto.

N.° 34.

mez: voce.

cresc:

Andantino.
Nº. 35.
p
cresc sempre.
f
diminu:
f
diminu:
cresc:
f

DE LA SYNCOPE.

La *Syncope* est une note qui, par sa durée, semble *couper* la régularité des temps de la mesure.

Pour exécuter la Syncope, il faut faire bien sentir les divisions des temps de la mesure.

La *Liaison* produit l'effet d'une Syncope.

EXEMPLES:

EXERCICES SUR LA SYNCOPE.

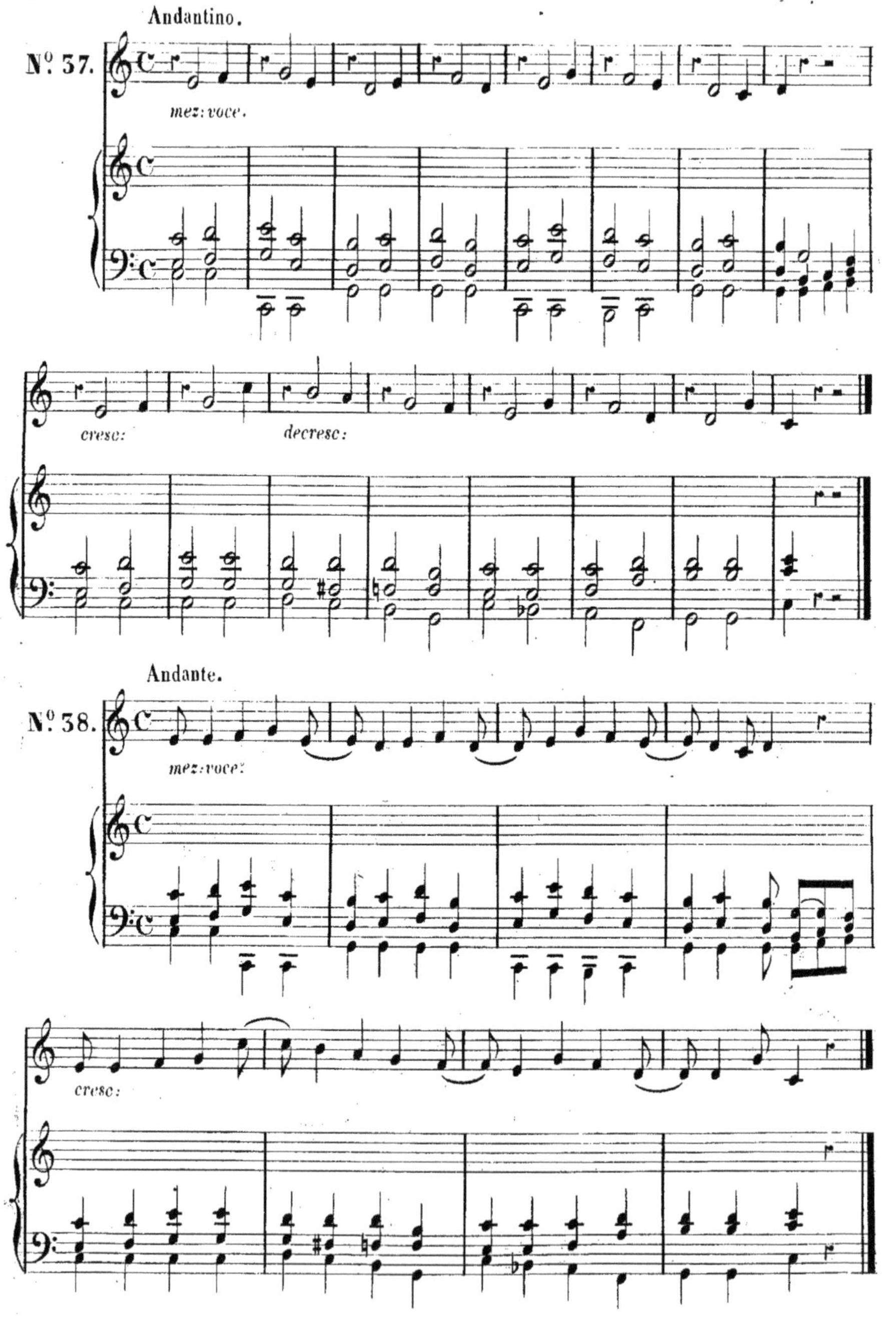

Andantino.

N°. 37.

mez: voce.

cresc:

decresc:

Andante.

N°. 38.

mez: voce.

cresc:

Andante.
Nº 39.
mez: voce.
cresc:
decresc:
Andante.
Nº 40.
mez: voce.
cresc:
decresc:

RÉSUMÉ.

Qu'est-ce que la *Syncope?*	La *Syncope* est une note qui, par sa durée, semble couper la régularité des temps de la mesure.
La *Liaison* produit-elle, l'effet de la Syncope?	Oui: la *Liaison* produit l'effet de la syncope.

DE LA MESURE A SIX-HUIT.

La mesure à *Six-huit* contient *Six-huitièmes* de la *Ronde*, c'est-a-dire *Six-croches*.

Cette mesure est composée de *deux temps ternaires*, c'est-a-dire que chacun de ces temps se divise en trois parties.

EXEMPLES

Exercices sur la mesure a six-huit.

N° 3.

RÉCAPITULATION.

N° 4.

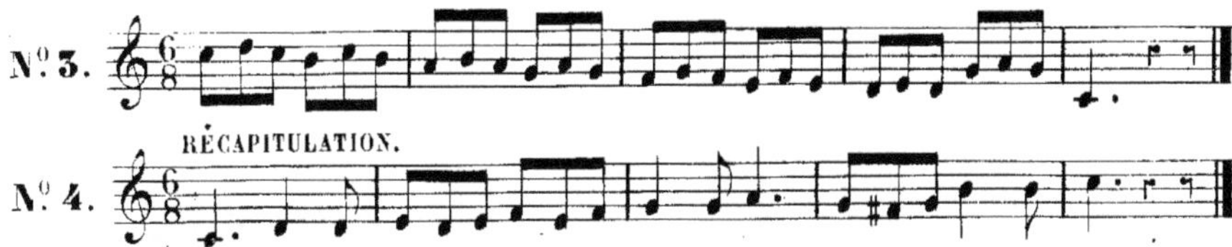

Solféges sur la mesure a six-huit.

N° 42.

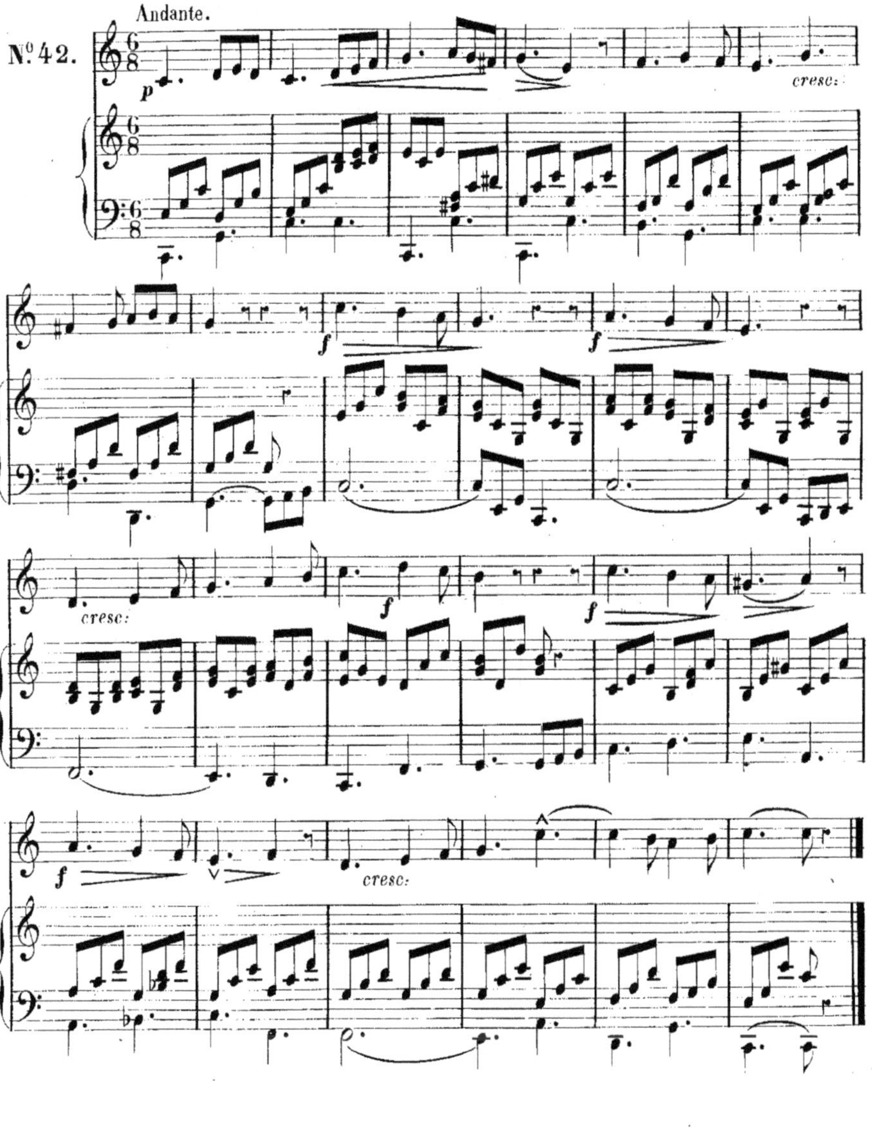
Andante.
p
cresc:
f
f
cresc:
f
f
f
cresc:

On peut moduler de **SOL** en **RÉ** comme on a modulé de **DO** en **SOL**.

EXEMPLE:

On solfiera la gamme de **FA** majeur dans le Tableau des gammes majeures bémolisées. page **50**.

Voici les trois séries des *degrés disjoints* de la gamme du ton de **FA** majeur.

Etudes sur ces trois séries.

On peut moduler de **DO** majeur en **FA** majeur.

Il faut employer accidentellement le *Signe constitutif* du ton dans lequel on va; ainsi qu'on l'a fait pour la modulation de **DO** majeur en **SOL** majeur à la page **52**.

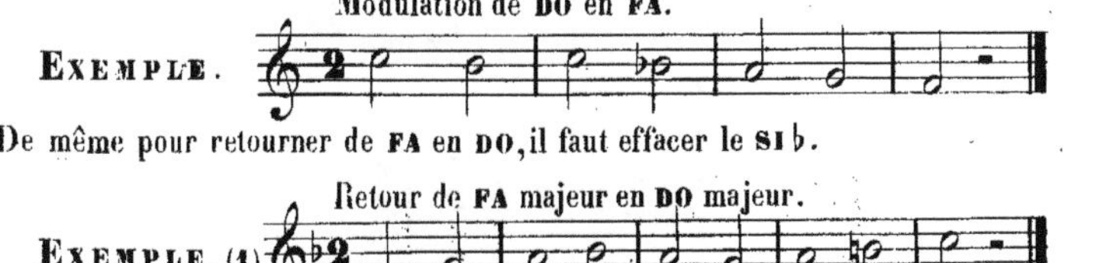

De même pour retourner de **FA** en **DO**, il faut effacer le **SI** ♭.

(1) Ces trois exemples sont tirés de mon Solfége élémentaire.

RÉCAPITULATION.

All^o. moderato.

N°. 45.

mez: voce.

cresc:

f

p

f

mez: voce.

diminuendo.

cresc:

f

RÉSUMÉ

Qu'est-ce que la mesure à *Six-huit?* — La mesure à *Six-huit*, est une mesure à *deux temps ternaires*.

Qu'est-ce qu'un *Temps ternaire?* — C'est un temps qui se divise en trois parties.

Que signifient les deux chiffres placés après la clef, dans la mesure à six-huit? — Ils signifient que chaque mesure contient *Six-huitièmes* de la *Ronde* c'est-à-dire *Six-croches*.

DU MODE MINEUR

Le *Mode Mineur* est l'un des deux genres qui diffèrent en musique.

On sait que le *Mode majeur* contient quinze espèces de tons, le *Mode mineur* en contient autant.

Chaque *Ton mineur* est relatif d'un *Ton majeur*.

On nomme *Relatifs*, deux tons de différents genres de modes et qui ont à la clef la même quantité de dièses ou de bémols.

TABLEAU DES TONS RELATIFS

MAJEURS et MINEURS.

TONS DIÈSÉS.

REMARQUE. Chaque *Ton relatif mineur* prend sa tonique trois degrés, ou un ton et demi, au-dessous de la tonique du *Ton relatif majeur*.

DE LA GAMME MINEURE.

Les Modes majeur et mineur diffèrent entre eux par la constitution de leurs gammes. Voici en quoi consiste cette différence.

La Gamme majeure contient *cinq tons* et *deux demi-tons* qui se trouvent du *troisième* au *quatrième degré* et du *septième* au *huitième degré*.

Cette Gamme conserve les mêmes intervalles en montant et en descendant.

La Gamme mineure contient aussi *cinq tons* et *deux demi-tons*; mais ces *deux demi-tons* se trouvent, en montant, du *deuxième* au *troisième degré* et du *septième* au *huitième degré*; tandis qu'en descendant, les *demi-tons* se trouvent du *sixième* au *cinquième degré* et du *troisième* au *deuxième degré*.

Il y a donc déplacement de l'un des *demi-tons* dans cette gamme descendante.

On va étudier les intonations de la gamme mineure. Ces intonations offriraient quelques difficultés en montant la gamme, si l'on ne remarquait que: 1º le premier *demi-ton* se trouve du *deuxième* au *troisième degré* et que, par conséquent, il faut placer l'intonation du **DO** tout près de celle du **SI**, 2º qu'à partir du **MI**, le reste de la gamme est majeur.

Quant à la gamme descendante, elle offre les mêmes intonations que les fractions de la gamme de **DO** majeur.

ETUDES SUR LES INTONATIONS DE LA GAMME DU TON DE LA MINEUR, RELATIF DE DO MAJEUR.

On apprendra bien les intonations de cette gamme ainsi fractionnée.

Moderato.

(1) On sait qu'il y a une autre manière d'écrire la gamme mineure : nous enseignons ici celle qui est la plus usitée; on trouvera l'autre dans le Solfège élémentaire qui fait suite à celui-ci.

On apprendra bien ces études.

Voici les trois principales séries des *degrés disjoints* que nous prenons dans la Gamme de LA *Mineur*.

Etudes sur ces trois séries.

RÉSUMÉ.

Qu'est-ce que le *Mode Mineur?* — C'est l'un des deux genres qui diffèrent en musique.

Quels sont les deux genres qui different en musique? — Ce sont les deux Modes, le *Majeur* et le *Mineur.*

En quoi diffèrent ces deux Modes? — Ils diffèrent dans la constitution de leurs gammes.

Qu'est-ce qu'on nomme *Tons relatifs?* — On nomme *Relatifs* deux tons de differents Modes et qui ont à la clef la même quantité de dièses ou de bémols.

Chaque *Ton* a-t-il un *relatif?* — Oui, chaque *Ton majeur* a son *relatif mineur* et réciproquement.

Combien y a-t-il de *Tons* usités en musique? — Il y a *quinze Tons majeurs* qui ont pour relatifs *quinze Tons mineurs.*

Que remarque-t-on dans le tableau des *Tons relatifs?* — On remarque que, entre *deux tons relatifs,* chaque *Tonique Mineure* est toujours placée *trois* degrés au-dessous de la *Tonique Majeure.*

On peut, si on le juge convenable, faire apprendre par cœur à l'élève, le tableau des *Tons relatifs* diésés et bémolisés; on verra dans le Solfége Elémentaire un moyen très simple pour trouver de suite la quantité de signes qui existe à la clef dans chaque *Ton.*

SOLFÉGES EN LA MINEUR.

p
cresc molto.

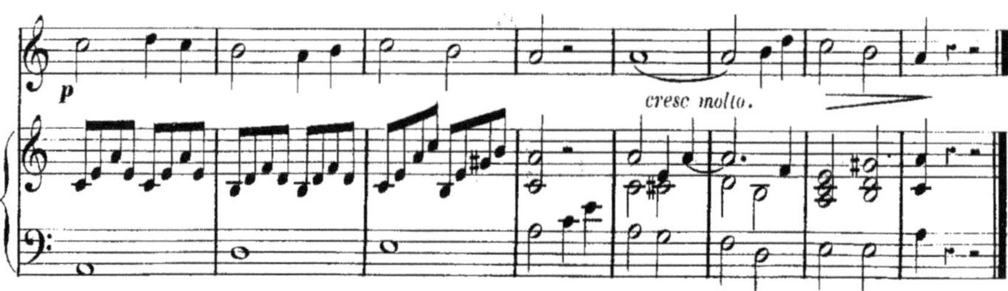

On fera remarquer à l'élève le caractère particulier du Mode mineur qui tend à exprimer la *Mélancolie* et même la *Tristesse*, par opposition au *Mode Majeur* qui semble propre à exprimer *la joie* et *la gaieté*.

On module souvent d'un *Ton mineur* à son *relatif majeur*.

EXEMPLE:

N° 47.

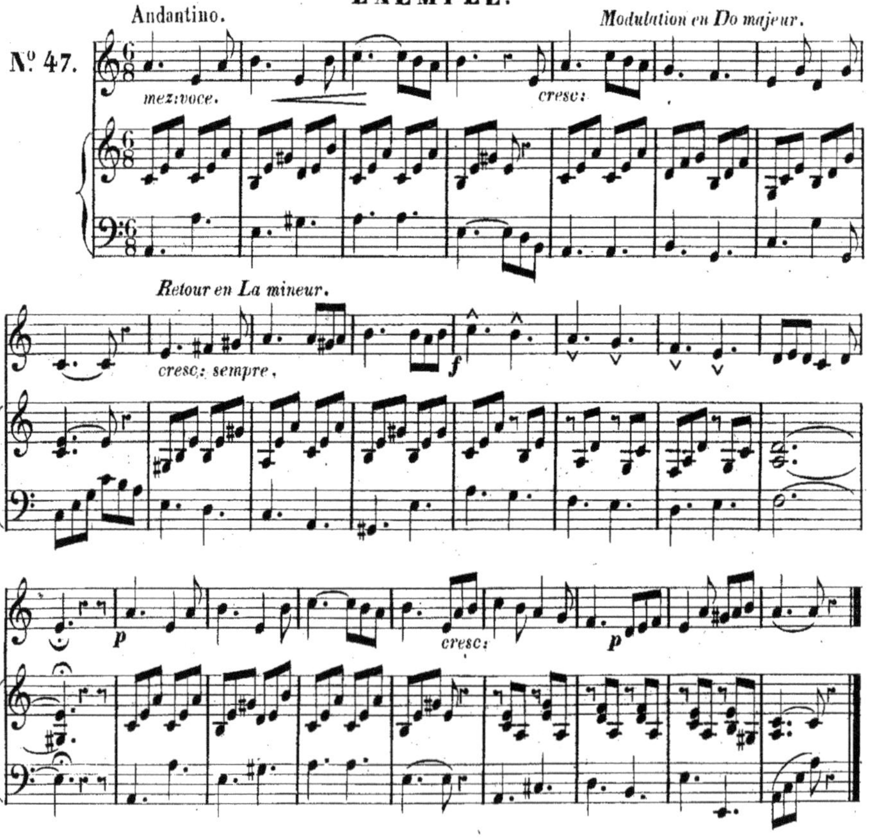
Andantino.
Modulation en Do majeur.
mez:voce.
cresc:
Retour en La mineur.
cresc: sempre.
f
p
cresc:
p

ETUDES SUR LES INTONATIONS DE LA GAMME DU TON

DE MI MINEUR, RELATIF DE SOL MAJEUR.

Andante.
Modulation en Sol majeur.
Nº 49.
p
cresc:
f
p
cresc:
f
Retour en Mi mineur.
p
cresc:
diminuendo.
f

Etudes sur les intonations de la gamme du ton de ré mineur, relatif de fa majeur.

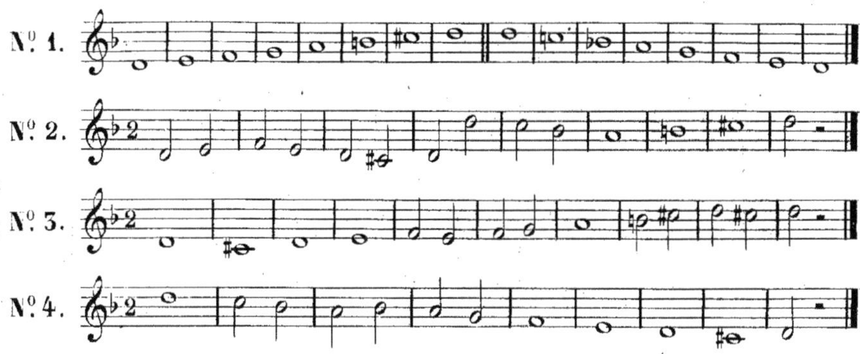

On apprendra bien ces études.

Voici les principales Séries des degrés disjoints que nous prenons dans la gamme de **RÉ** *mineur*.

Etudes sur ces trois séries.

RÉSUMÉ.
SOLFÉGES EN RÉ MINEUR.
Allegretto.
Nº 50.
f
diminuendo.
Allegretto.
Nº 51.
Modulation en Fa majeur.
f
Retour en Ré mineur.
p
cresc:
f

DE LA MESURE A NEUF-HUIT.

La mesure à *neuf-huit* est composée de *neuf-huitièmes* de la *Ronde*, c'est-a-dire *neuf-croches* qui représentent *trois Temps ternaires*.

Exemple: 

Ces *Temps ternaires* sont les mêmes que ceux de la mesure à *Six-huit*, c'est pourquoi nous croyons inutile de donner des exercices préparatoires sur cette mesure qui doit être comprise.

Solfége sur la mesure a neuf-huit.

DE LA MESURE A DOUZE-HUIT.

La mesure à *Douze-huit* est composée de *Douze-huitièmes* de la *Ronde*, c'est-a-dire *Douze croches*, qui représentent *quatre Temps Ternaires*.

Chaque temps se divise comme ceux des mesures à *Six-huit* et à *Neuf-huit*.

RÉSUMÉ.

Qu'est-ce que la mesure à *neuf-huit?* — C'est une mesure composée de *Trois temps ternaires.*

Que signifient les chiffres placés après la clef? — Ils signifient que chaque mesure est composée de *neuf-huitièmes* de la *Ronde*, c'est-a-dire, *neuf-croches.*

Qu'est-ce que la mesure à *Douze-huit?* — C'est une mesure composée de *Quatre temps ternaires.*

Que signifient les chiffres placés après la clef? — Ils signifient que chaque mesure est composée de *douze-huitièmes* de la *Ronde*, c'est-a-dire, *douze croches.*

DU TRIOLET.

On nomme *Triolet* ou *trois-pour-deux*, la réunion de trois signes qui ont la même durée que deux signes de même figure.

Le *Triolet* est une unité de Temps *Ternaire* ou une fraction ternaire d'unité qui s'introduit dans des unités *Binaires* pour en changer le Rhythme.

On le désigne ordinairement par un 3.

Chaque Triolet doit être considéré, dans le Solfége qui suit, comme une unité de temps des mesures à *Six-huit*, *neuf-huit* et *douze-huit*.

EXEMPLE:

EMPLOI DU TRIOLET.

RÉSUMÉ.

Qu'est-ce qu'on nomme *Triolet* ou *trois-pour-deux?*	C'est la réunion de *trois* signes qui ont la même durée que *deux* signes de même figure.
Qu'est-ce qu'un *Temps Binaire?*	C'est un temps qui se divise en deux parties égales.
Pourquoi introduit-on des *Triolets* dans les mesures à *Temps Binaires?*	C'est pour changer momentanément le Rhythme de la mesure.
Comment se désigne le *Triolet ?*	On, le surmonte ordinairement d'un 3.

On verra dans le Solfége Elémentaire le *Sextolet* ou *Six-pour-quatre*.

ETUDE DES DEMI-TONS CHROMATIQUES.

On peut étudier maintenant quelques *Demi-tons Chromatiques*. Nous ne pouvons donner qu'un aperçu de cette étude que l'on trouvera au complet dans le Solfége élémentaire.

Pour prendre juste l'intonation du *demi-ton Chromatique*, il faut pressentir l'intonation de la note qui suit, et appuyer sur les *degrés Diatoniques*.

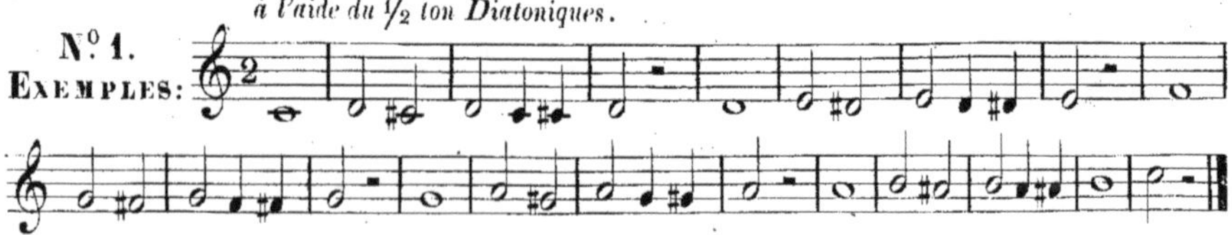

On peut, si on l'aime mieux, étudier ainsi, en épelant mentalement la note noire.

EPELLATION. **RÉSUMÉ.**

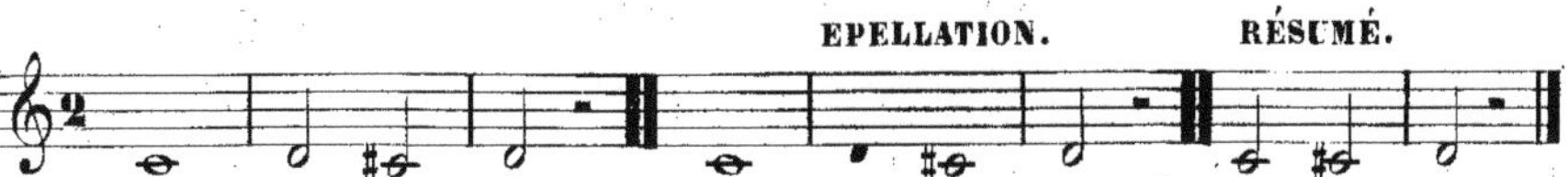

Si ce moyen convient mieux, on peut écrire ainsi toute la *Gamme ascendante*.

En reprenant le *demi-ton Chromatique* par un bémol en descendant, il faut avoir soin de retrouver l'intonation du *demi-ton Chromatique dièsé*.

N° 2.
EXEMPLE:

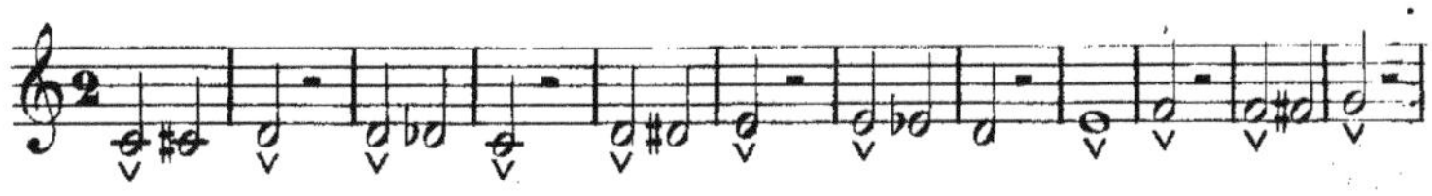

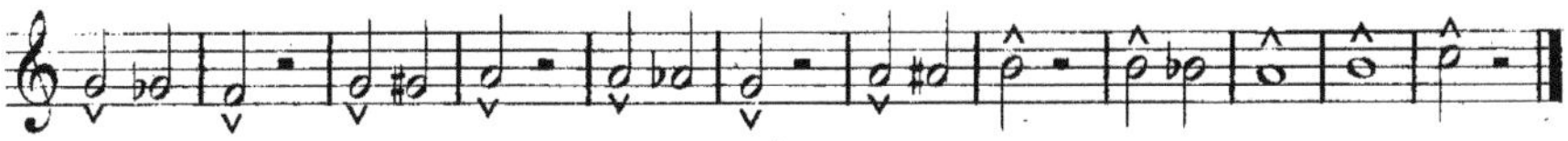

RÉCAPITULATION.

Appuyez sur les notes naturelles.

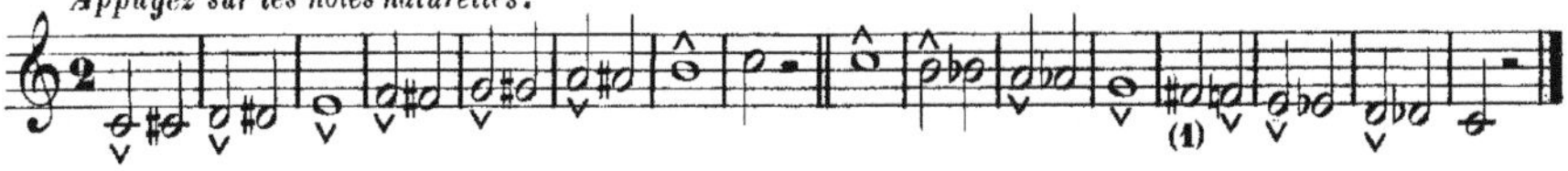
(1)

SOLFÉGE SUR LES DEMI-TONS CHROMATIQUES.

N° 55.

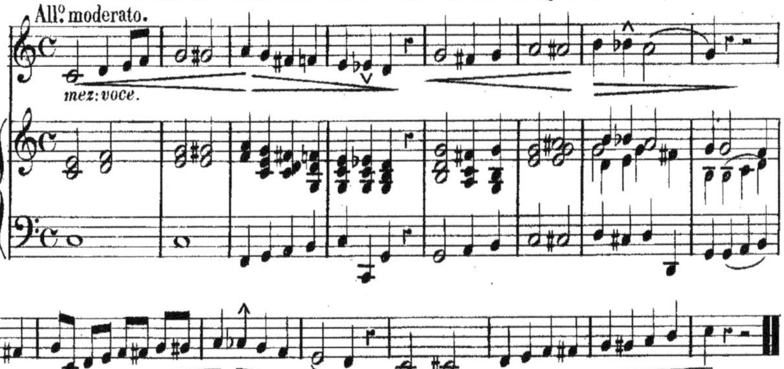
All° moderato.
mez: voce.

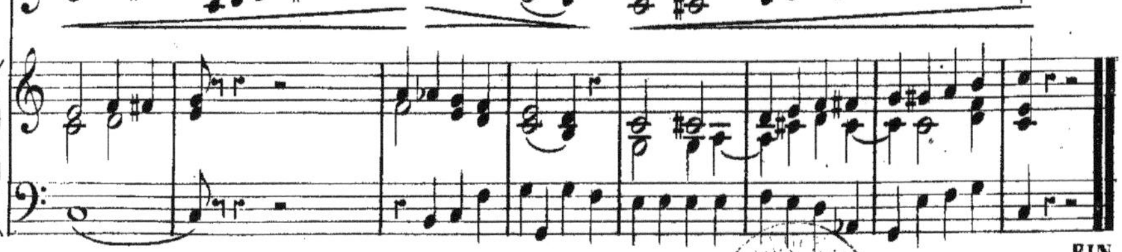

FIN.

(1) Le FA dièse est plus facile à exécuter ici que le SOL bémol.

TABLE DES MATIERES

CONTENUES DANS CET OUVRAGE.

DU MÊME AUTEUR.

N.os 2. Solfége Elémentaire 18f

3. Traité Rationnel du Solfége, en deux Parties.
chaque Partie séparée 24f
les deux Parties réunies 40f

4. Traité de la Transposition, Méthode rationnelle pour apprendre à lire sur toutes les clefs 12f

5. Traité spécial d'Harmonie, Théorie des Accords et de leur enchaînement 70f